COUR D'APPEL DE TOULOUSE

RENTRÉE SOLENNELLE DE LA CONFÉRENCE DES AVOCATS STAGIAIRES

DE LA

PROTECTION LÉGALE

DE L'ENFANCE

DISCOURS

PRONONCÉ LE 19 DÉCEMBRE 1875

PAR

Me E. TOURRATON

AVOCAT

TOULOUSE

IMPRIMERIE DE A. CHAUVIN ET FILS

28, RUE DES SALENQUES, 28

1876

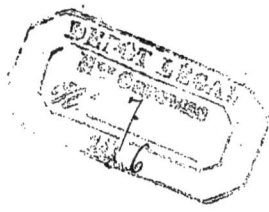

DE

LA PROTECTION LÉGALE

DE L'ENFANCE

@

COUR D'APPEL DE TOULOUSE

RENTRÉE SOLENNELLE DE LA CONFÉRENCE DES AVOCATS STAGIAIRES

DE LA

PROTECTION LÉGALE

DE L'ENFANCE

DISCOURS

PRONONCÉ LE 19 DÉCEMBRE 1875

PAR

Mᵉ E. TOURRATON

AVOCAT

TOULOUSE

IMPRIMERIE DE A. CHAUVIN ET FILS

28, RUE DES SALENQUES, 28

—

1876

DE

LA PROTECTION LÉGALE

DE L'ENFANCE.

Monsieur le batonnier, Messieurs.

On l'a dit souvent : l'avenir des sociétés humaines re-
pose sur l'éducation des jeunes générations.

Rétablir chez les populations le respect de la vie, trop
souvent méconnu dans les premiers âges , défendre l'enfance contre les abus et les excès qui l'étouffent et l'épui-
sent, réprimer l'égoïsme et la cupidité toujours prêts à
exploiter sa faiblesse, améliorer sa condition en multi-
pliant autour d'elle les influences salutaires de là famille , de l'instruction , du travail , c'est poursuivre une
œuvre tout à la fois de morale, de justice et d'intérêt na-
tional.

Cette vérité qui, dans tous les temps, chez tous les peuples , s'est imposée à l'esprit de ceux qui unissent à

l'amour de leurs semblables le souci de la grandeur et de la prospérité de leur pays, a réveillé, plus que jamais, à notre époque, une vive sollicitude pour l'enfant.

De là, en son nom, ce vœu unanime de réformes, cette croisade pacifique qui se traduit par une foule d'écrits, de travaux émanés de nos publicistes, de nos moralistes les plus éminents, auxquels viennent s'ajouter les patientes études des économistes. Leurs préoccupations scientifiques et patriotiques se sont éveillées, aux tristes révélations de la statistique, sur le mouvement de notre population comparé à celui des principaux Etats de l'Europe : tous ont compris qu'au lendemain de nos désastres, la première des nécessités qui s'imposent aux hommes d'Etat, c'est la reconstitution, la réorganisation de la vie humaine ; qu'il y va de l'indépendance, de l'existence elle-même du pays.

De là, Messieurs, cette recrudescence marquée dans la création d'asiles, de crèches, de sociétés de patronage de toute sorte, au sein desquelles la charité et le dévouement savent si bien déverser leurs inépuisables bienfaits sur ces malheureux déclassés qui trouvent désormais une famille, un foyer assurés.

De là encore ces essais timides, tentés par la loi du 22 mars 1841, sur le travail des enfants dans les manufactures ; par la loi du 27 mars 1850, sur l'instruction de la jeunesse ; par la loi du 4 mars 1851, sur le contrat d'apprentissage ; par celle du 5 mai 1869, qui prévient, dans une certaine mesure, l'abandon et l'infanticide :

œuvres de législation incomplètes dont l'exécution est restée insuffisante.

L'Assemblée actuelle est entrée plus hardiment dans la voie de ses devancières : les lois récentes que l'initiative parlementaire vient de faire voter marquent un pas considérable en faveur de la protection de l'enfance.

Quelques mots sur les améliorations qu'elles ont introduites.

Notre attention est tout d'abord sollicitée par la loi du 20 décembre 1874, relative à la protection des enfants du premier âge, et, en particulier des nourrissons. L'examen de cette loi, qui fut votée sans discussion, avec l'assentiment unanime de l'Assemblée, ne soulève guère de critique. Soumettre à une sévère réglementation et à une vigilance attentive l'industrie nourricière, qu'elle considère désormais comme un service public, tel est le but qu'elle s'est proposé. A cet effet, elle met à contribution toutes les forces sociales. Elle a d'abord recours à l'autorité publique, qui seule peut généraliser les prescriptions de la loi et assurer son égale exécution ; elle s'adresse ensuite à la charité et à l'association, en rattachant à l'action de l'autorité publique, des comités dans lesquels les sociétés de patronage des jeunes enfants auront place de droit ; enfin, cette organisation doit être soutenue, partout où le développement de l'industrie nourricière l'exige, par une inspection médicale indispensable pour exercer une surveillance rigoureuse.

La nouvelle loi s'est inspirée en grande partie d'ordon-

nances de police parues sous l'ancienne monarchie, et notamment d'un certain nombre de déclarations, de lettres
patentes du roi, d'arrêts du Parlement qui, réunis en re-
cueil, sous la fin du règne de Louis XV, présentent un
ensemble assez complet pour mériter le nom qu'on leur
a souvent donné de *Code des nourrices*. Elle s'est attachée
à faire revivre ces dispositions anciennes, en leur donnant
une application plus large et mieux combinée que par le
passé. Dans tout le système des mesures qu'elle édicte, on
rencontre une seule innovation : la tenue obligatoire, dans
les mairies, d'un registre spécial pour les nourrissons et
les nourrices, et, encore, la nouveauté consiste-t-elle dans
un mode d'exercice, généralisé et plus rigoureux, d'une
surveillance que l'autorité réclamait, jadis, du chef spi-
rituel de la paroisse et qu'il va exiger, désormais, du chef
civil de la commune. Telle est, Messieurs, l'économie de la
loi du 20 décembre 1874, dont aucun débat, aucun amen-
dement n'est venu entraver ou retarder l'adoption définitive. Il ne faut pas y chercher une œuvre originale sur
une question nouvelle, mais seulement la dernière expression et le résumé pratique d'un travail législatif souvent repris sur une question pendante depuis des siècles,
et dont l'intérêt public et l'humanité ne permettaient plus
d'ajourner la solution. Elle fait le plus grand honneur à
la science éclairée de M. le docteur Roussel, député de la
Lozère, qui avait pris l'initiative du projet et qui en fut
également l'éminent rapporteur. Nous ne pouvons que
nous associer à ses vœux, et espérer avec lui que cette

loi obtiendra, avec une dépense minime, une épargne précieuse de la vie humaine et un grand bien moral.

Protéger l'enfant dès sa naissance ne saurait suffire ; l'œuvre de réforme serait incomplète si l'on ne songeait également à le mettre à l'abri de la cupidité qui le voue parfois, à un âge encore tendre, à des métiers immoraux et avilissants.

La loi du 7 décembre 1874, relative à la protection de l'enfant employé dans les professions ambulantes, a répondu à ce vœu ; elle réprime les abus et le trafic dont il n'est que trop souvent victime.

L'exploitation de l'enfance, Messieurs, n'est pas un mal nouveau : ses origines appartiennent à l'histoire. Condamnée par les lois de Moïse, elle trouve plus de tolérance chez les peuples païens.

Athènes peut inscrire sur les colonnes de ses temples des préceptes plus humains que ceux de Sparte ; le trafic n'en est pas moins autorisé par la loi, sanctionné par les mœurs.

A Rome, conséquence forcée du droit souverain du maître sur l'esclave et du droit non moins absolu du père sur le fils, elle échappe à l'influence du christianisme et à cette grande révolution sociale que la philosophie chrétienne opère dans les mœurs et les institutions.

Le moyen âge n'apporte pas d'adoucissement sensible dans la condition de l'enfant. Partout, à toutes les époques, il ne cesse d'être la victime des commerces les moins avouables.

Si ces excès, Messieurs, se sont affaiblis et ne nous ap-
paraissent plus que comme un écho lointain et douloureux
des erreurs du passé, il faut cependant reconnaître qu'ils
ne sont pas complétement extirpés de notre société moderne et que, de nos jours encore, le trafic de l'enfant
donne lieu à bien des spéculations honteuses.

Il suffit de jeter les yeux sur l'ouvrage d'un écrivain qui
a approfondi tous les problèmes de la misère, M. Maxime
Ducamp, pour se convaincre que, dans certaines
contrées montagneuses où la misère et la faim ont fait
entrer l'émigration dans les mœurs des populations, l'exploitation de l'enfance constitue une industrie véritable,
fondée par associations et commissions, ayant ses suc-
cursales et ses représentants dans les capitales de l'ancien
et du nouveau monde.

Les gouvernements intéressés n'ont pas toujours pris
les mesures nécessaires pour fermer cette plaie. Chez
nous et les nations voisines, c'est à peine si quelques règlements de police ont cherché à en atténuer le développement ; la persistance des faits délictueux accuse l'im-
puissance de leurs moyens de répression.

En regard, Messieurs, de ce sombre tableau dont nous
sommes loin d'avoir exagéré les teintes, il en est un autre non moins véridique et dont la vue étreint toujours
le cœur d'un sentiment pénible : je veux parler du spectacle douloureux qu'offrent ces malheureux enfants, ex-
posés sur les tréteaux des saltimbanques, se livrant, sous
l'œil du maître, à des exercices dangereux qui mettent

continuellement leur vie en péril ! Que de tortures n'ont-ils pas eu à subir dans la coulisse, que de privations à endurer, que de souffrances qui n'ont trouvé aucun cœur à attendrir, avant de pouvoir paraître convenablement en public, et de former un sujet digne d'attirer l'attention du passant ! Que de victimes ignorées qui ont trouvé la mort dans l'apprentissage de leur triste métier !

A côté des dangers physiques qui menacent la vie de l'enfant, et qui entraînent, le plus souvent, l'étiolement de sa jeunesse et la déformation de son corps, on peut facilement se représenter le danger moral résultant de ces douloureuses exhibitions, des excitations perverses de cette vie de travail tourmenté, de corruption, de promiscuité même, de tous ces mauvais exemples qui, en éteignant dans l'âme de l'enfant tout sentiment de pudeur et toute idée de dignité, lui enlèvent le respect de lui-même et le condamnent fatalement au vice.

Aussi a-t-on pu dire, avec raison, de ces malheureux :
« Que tous leurs sentiments, leur visage, tout leur être
» s'imprègnent, avant l'âge, d'envie et de corruption.
» Leur esprit s'habitue à voir, dans tout homme, un ty-
» ran ; dans la société, une ennemie ; dans la Providence,
» une illusion, et dans le bien-être d'autrui, une insulte
» à leurs maux »

La loi du 7 décembre 1874 n'a donc fait qu'une œuvre de justice, hélas ! trop retardée, en venant opposer une barrière à la coupable perdition du jeune âge et à l'exploitation dont il est l'objet. Elle n'a fait d'ailleurs que

suivre l'exemple et marcher sur la trace de plusieurs législations étrangères, comme l'Italie et l'Allemagne qui
nous avaient précédés dans cette voie de progrès.

Cependant, Messieurs, la discussion de cette loi donna
lieu à de graves objections et souleva, dans les trois déli-
bérations qui précédèrent son adoption définitive, de
nombreux amendements.

On lui reprochait surtout de porter atteinte à la liberté
du travail et à la puissance paternelle.

Aucun de ces reproches n'était fondé. La nouvelle loi,
disait son rapporteur, M. Tallon, — et qu'on nous per-
mette de reproduire ici un des principaux passages de
son discours : — « ne veut pas déclarer la guerre aux
» professions ambulantes, si peu dignes d'intérêt qu'elles
» puissent être. Libre à chaque homme disposant de sa
» personne, arrivé à l'âge de raison, de choisir un mé-
» tier qui flatte sa paresse ou ses vices. Mais il ne faut
» pas que l'on puisse disposer, pour le jeter dans cette
» voie funeste, de la liberté de celui qui ne s'appartient
» point encore ; nous ne voulons pas qu'avant l'âge de
» discernement, on tente d'y pousser l'enfant par une
» immorale éducation. Ce n'est donc point une loi d'os-
» tracisme professionnel que nous proposons, c'est uni-
» quement une loi de protection de l'enfance, applicable
» aux mineurs de seize ans, pupilles naturels du législa-
» teur. Si l'on doit invoquer la liberté du travail, c'est
» seulement dans l'intérêt de l'enfant, de cet enfant con-
» damné à un travail servile dont le produit reviendra

» à un autre, et contraint par la violence de renoncer au
» prix de sa propre peine. »

La seconde objection, fondée sur l'atteinte qu'une pareille mesure allait porter à la puissance paternelle, n'était
pas mieux justifiée.

Peut-on, en effet, reconnaître comme légitime le droit
qu'auraient les parents d'abuser de leur autorité, au
point de trafiquer de l'enfant comme d'une marchandise,
de le condamner, au profit d'un exploiteur, à un travail qui
ne lui procure que la faim et l'abrutissement? On ne saurait faire de la misère un titre à leur irresponsabilité. Si
précaire que soit leur position, leur devoir est toujours le
même ; ils doivent à l'enfant aide et secours. Le législateur ne saurait, en refusant à celui-ci une protection efficace, aggraver la condition misérable dans laquelle il a
eu le malheur de naître.

Ainsi, soustraire l'enfant aux exercices dangereux qui
sont de nature à porter atteinte à sa constitution physique, le protéger contre tout ce qui peut le détourner de la
voie morale, utile et laborieuse qui est tracée en ce
monde à tout être pensant et libre, tel est l'esprit de la loi.

Voici comment elle l'a appliqué :

L'article premier interdit, en principe, l'emploi dans les
professions ambulantes, des mineurs âgés de moins de
seize ans ; elle apporte, toutefois, un tempérament à cette
règle, lorsqu'il s'agit d'enfants que les pères et mères em-
ploient dans leurs représentations, et restreint, dans ce
cas, sa prohibition à l'âge de douze ans. Le législateur a

pensé qu'il pouvait abaisser la limite d'âge en faveur des parents que les nécessités d'une condition misérable et la force des choses peuvent contraindre à engager leurs enfants dans la profession qu'ils exercent eux-mêmes.

L'article 2 réprime l'abandon et le trafic des enfants, sans distinguer si l'abandon a eu lieu gratuitemeut ou à prix d'argent. Une telle distinction permettrait d'éluder trop facilement ses prescriptions en abritant sous le manteau de la misère les plus honteuses spéculations.

La loi vient ici combler une lacune de notre code pénal, en punissant le détournement de mineurs, même en cas de consentement de la famille. Elle a voulu ainsi atteindre cette sorte de proxénétisme qui, non moins coupable que la débauche, cache la dépravation sous des dehors moins odieux.

L'article 3 vient compléter et fortifier les articles 274 à 276 du même code, qui punissent uniquement la mendicité directe ou en réunion. Les mêmes peines sont applicables au père qui fait mendier ses propres enfants, ou à l'exploiteur qui emploie ses malheureux sujets à la mendicité, sous l'apparence d'un métier, et, qui bien qu'agissant d'une manière occulte, n'en recueillent pas moins les bénéfices, sans s'exposer aux mesures de répression. La privation des droits de la puissance paternelle ou la destitution de la tutelle seront une juste sanction des pénalités prononcées contre le père ou le tuteur qui forfait aux lois sacrées de la nature, de l'affection et du devoir.

Vous le voyez, Messieurs, la loi du 7 décembre 1874

caractérise nettement un délit spécial que la législation antérieure ne frappait que d'une manière détournée.

Elle suit ce délit sous toutes ses formes, dans toutes ses phases ; elle le poursuit contre tous les auteurs ; elle le frappe dans son origine, comme contrat illicite, dans son œuvre comme spéculation coupable : en un mot, elle le condamne partout où ses manifestations et ses abus sont une insulte à l'humanité et à la conscience publique.

L'œuvre que l'assemblée poursuivait si hardiment, si généreusement, demandait un complément. Si la protection des nourrissons s'imposait par une nécessité morale, si l'aide prêtée aux malheureux déclassés victimes de la cupidité d'un exploiteur est lui aussi le fait d'une assemblée éclairée, soucieuse d'utiles réformes, le secours à accorder à l'enfant employé dans l'industrie devait solliciter également l'attention et la vigilance de nos législateurs.

Défendre l'enfance contre l'action dévorante de l'atelier, empêcher que sa faible constitution ne s'épuise dans des veilles, des fatigues au-dessus de ses forces, tel est le but et l'origine de toutes les lois protectrices du travail de l'enfant, et notamment de la loi du 12 mars 1841.

Au seuil d'une œuvre nouvelle et difficile, la loi de 1841 ne pouvait être qu'une loi d'essai, de promesse et d'acheminement vers le progrès; la loi du 19 mai 1874 a réalisé cette espérance d'amélioration, et, en comblant ses lacunes, en en rendant l'exécution facile, est venue assurer enfin l'accomplissement, depuis longtemps attendu, d'une œuvre d'humanité.

La plupart des législations étrangères nous avaient devancés dans cette voie. En Angleterre, notamment, depuis près d'un demi-siècle, la règlementation du travail des enfants est l'objet de nombreuses lois qui protégent l'ouvrier, tant au point de vue physique qu'au point de vue moral. Il faut voir, Messieurs, avec quelle sollicitude nos voisins s'attachent à poursuivre toutes les mesures d'hygiène et de salubrité protectrices de la santé des travailleurs ; avec quels soins intelligents et quels succès dans les résultats, ils savent établir, par des prescriptions prévoyantes et éclairées, un sage équilibre entre le temps employé au travail manuel et le temps consacré à l'école.

L'Allemagne, de son côté, depuis longtemps attentive à toutes les mesures qui pouvaient ranger sous ses drapeaux de nombreux soldats, n'a pas hésité à mettre à l'abri de l'affaiblissement la jeunesse du pays : plusieurs dispositions législatives réglementent chez elle le travail des enfants.

Nous seuls, Messieurs, avec cette insouciance fatale qui caractérise notre nation, nous nous étions contentés de prendre des demi-mesures qui n'étaient ni contrôlées, ni sanctionnées ; et il a fallu l'issue désastreuse de la guerre de 1870, les malheurs sans nombre qui nous ont frappés, pour nous éclairer sur notre propre situation et nous convaincre que nous étions restés bien loin en arrière et que nos conquêtes s'étaient bornées « à d'inutiles et vaines conquêtes de l'esprit. » Utile et profitable enseignement !

La loi du 19 mai 1874, comme nous l'avons dit, est venue généraliser l'action de la loi de 1841 : loin de ne s'appliquer qu'à certaines industries déterminées, loin de régler sur le nombre des ouvriers employés dans l'atelier les conditions de protection de l'enfant (comme on l'a, à juste raison, reproché à la loi de 1841), elle porte partout, partout où l'égalité des droits des enfants, l'intérêt qu'inspire leur faiblesse, réclament une application générale de ses dispositions titulaires. Elle vise non-seulement l'établissement important où ils trouvent d'ordinaire les meilleures conditions d'hygiène, de sécurité et de bien-être, elle pénètre également dans l'atelier de la mansarde, dans l'échoppe obscure, là où travaille le petit apprenti et où se commettent, loin de tous regards, les plus regrettables abus.

En un mot, elle s'étend *à tous les enfants employés, hors de la famille, à un travail industriel, sans s'arrêter aux conditions d'apprentissage;* elle s'attache à bien établir la responsabilité du patron, qui contracte vis-à-vis du jeune apprenti, dont le travail lui procure certains avantages, l'obligation stricte de ménager ses forces et de veiller à sa culture morale et intellectuelle.

La nouvelle loi, Messieurs, est venue combler également une lacune importante de la loi de 1841, en organisant, sur des bases fortement constituées, l'inspection dans les manufactures. Elle n'a fait d'ailleurs, sur ce

2

point, que réaliser la promesse du législateur de 1841, et accomplir une réforme dont la nécessité a été reconnue dans tous les projets de loi présentés sur la matière en 1848, en 1870, et que réclamaient, depuis longtemps, dans toutes leurs enquêtes, nos conseils généraux et nos chambres de commerce.

Désormais, l'inspection spéciale, rétribuée par l'Etat, présentera toutes les conditions désirables de fermeté dans l'action, d'impartialité dans les poursuites, de lumière dans les études pratiques. Elle fournira également une aide précieuse à la statistique commerciale, et permettra, en signalant les besoins, les souffrances de la classe ouvrière, d'entrer dans la voie des améliorations possibles de son sort.

Nous n'insisterons pas davantage. Après avoir présenté un aperçu général de la loi, après avoir indiqué son but, les circonstances qui l'ont amenée, nous nous bornerons à mentionner la disposition de l'article 2, qui fixe à l'âge de douze ans révolus l'admission de l'enfant dans l'atelier, à l'exception de certaines industries, dans lesquelles il pourra être employé dès l'âge de dix ans, et la mesure fort sage de l'article 3, qui, limitant la durée du travail au maximum de 6 heures jusqu'à l'âge de douze ans révolus, au maximum de douze heures à partir de cet âge, lui permet de consacrer à l'école la moitié de sa journée, et établit ainsi, entre le travail et l'instruction, une juste et profitable répartition de temps.

Telle est, Messieurs, l'œuvre de sympathie éclairée et pratique que notre Assemblée nationale, secondée par quelques hommes éminents, pleins de zèle et de dévouement, vient d'accomplir ; on peut se demander s'il n'y a point un pas de plus à faire dans la voie où elle s'est engagée.

La loi n'étend, jusqu'à présent, sa sollicitude que sur l'enfant hors de famille ; elle s'arrête au seuil du foyer domestique ; respectant scrupuleusement l'autorité paternelle, elle s'en remet à cette puissance toute d'amour et de protection que la nature et la raison ont placée entre les mains des parents, pour tout ce qui touche les intérêts de l'enfant. Elle ne règle rien contre les abus de cette même puissance.

Or, ces abus existent, et quelque rares qu'on se plaise à les supposer, ne sont malheureusement dans l'expérience de chaque jour que trop fréquents.

Que trop souvent ne voyons-nous pas certains parents négliger l'éducation ou l'entretien de leurs enfants, les laisser dans un cruel abandon qui les condamne fatalement à un vagabondage permanent, ou se livrer envers eux à des brutalités, à de mauvais traitements qui, sans constituer un délit qualifié, mettent en péril la santé et parfois l'intelligence de la victime !

Que de tristes révélations nous apportent les débats judiciaires, sur l'intérieur de certains ménages, où la maison paternelle n'est plus qu'un lieu de débauches de toute nature, une école d'immoralité !

Et qu'on ne dise pas que, pour justifier la possibilité de nos plaintes, nous créons des situations purement fantaisistes, que nous exagérons à plaisir les détails ; quiconque fréquente les audiences de nos cours d'assises ou de nos tribunaux correctionnels a pu être amené, comme nous, à constater la triste réalité des faits, et la gravité du mal qu'ils révèlent !

Déjà ému par l'affligeant spectacle que nous offre la puissance paternelle, lorsqu'elle vient à tourner contre ceux-là même qu'elle a mission de protéger, M. Demolombe, ce savant commentateur de nos lois, venu le dernier probablement pour être sans nul doute le premier, a senti le besoin de protester contre ces abus du pouvoir paternel, et, dans son *Cours de code civil*, il a consacré à l'étude du problème quelques pages éloquentes où il demande aux tribunaux de venir au secours de l'enfant opprimé : « La raison, la morale, l'humanité même l'exigent, » s'écrie-t-il, « dans l'intérêt de l'enfant, dans l'intérêt de » l'ordre public (1). »

Enfin, Messieurs, notre savante Académie de législation s'est associée à ce courant d'idées généreuses dans lequel est entrée l'Assemblée nationale, et, toujours préoccupée des choses justes, a mis au concours, pour 1876, la question « de la protection à organiser en faveur des enfants » vis-à-vis desquels les père et mère ne remplissent pas » leurs devoirs. »

---

(1) Demolombe, *Cours de code civil*, t. VI, l. I, p. 279 et suiv.

En présence de la sollicitude qu'éveille dans l'esprit public la condition de l'enfance, et sous la protection des autorités éminentes qui signalent l'intérêt des questions qu'elle soulève, nous nous croyons autorisé à dire quelques mots du problème.

Au père de famille appartient le droit incontestable de diriger l'éducation de ses enfants, de les surveiller et d'aviser à toutes les mesures qu'il considère comme nénessaires à leur bien-être physique et intellectuel. Mais quelle est, à cet égard, l'étendue de la puissance dont il est investi? Cette puissance est-elle tellement absolue qu'il l'exerce sans contrôle et sans n'avoir de compte à rendre qu'à Dieu et à sa conscience? La loi est muette sur ce point. Elle ne nous fait connaître ni le caractère, ni la nature de l'autorité paternelle, ni les limites dont elle est susceptible.

De cette absence de toute réglementation faut-il conclure à l'omnipotence absolue du père de famille? Nous ne le pensons point.

Assurément, loin de nous la pensée de vouloir affaiblir en rien le principe sacré du pouvoir paternel. Il reçoit chaque jour, dans la pratique, de si regrettables atteintes, qu'un seul mot qui tendrait à diminuer le prestige dont il doit être entouré serait plus qu'une imprudence. Nous n'oublions pas que la famille est la base de la société et doit être le fondement de toutes nos institutions, et que fortifier et maintenir l'autorité du chef de la famille, toutes les fois qu'elle s'exerce dans les limites de l'équité et de la raison, c'est le meilleur moyen de consolider l'édifice social tout entier.

Mais il nous semble que, si grande et si respectable qu'elle soit, cette autorité a, comme toute autre, ses limites nécessaires, et qu'elle doit pouvoir être maintenue dans de sages mesures, lorsqu'elle tend à dépouiller son véritable caractère, celui d'une puissance toute de protection et de moralisation.

« Le despotisme ne convient pas mieux dans la famille que dans l'Etat, » disait M. Réal, et ce ne serait rien moins que proclamer que l'autorité paternelle est une puissance purement autocratique et arbitraire, que de décider que ses écarts ou ses excès ne sauraient être réprimés. Cette proposition, d'ailleurs, si elle était admise, irait à l'encontre des vœux de ceux qui la formulent, car ce ne serait pas fortifier la puissance paternelle, que de lui reconnaître, en toutes circonstances, un droit souverain et sans limites : ce serait plutôt affaiblir son essor, énerver son autorité. Qu'elle soit, au contraire, l'exercice de cette magistrature douce et éclairée, basée sur la nature et la raison, telle que la comprenaient nos rédacteurs du Code, et ses arrêts seront écoutés avec respect, exécutés avec docilité.

C'était bien là l'idée, disions-nous, que le législateur de 1804, rompant avec les errements du passé, s'était faite de la puissance paternelle : à défaut de tout texte positif, nous en trouvons la preuve dans les travaux préparatoires.

Nous voyons, dans la discussion qui s'ouvrit lors de la rédaction du chapitre de la paternité, que le législateur, pressentant l'abus possible de la puissance paternelle, songeait à en réprimer les écarts et à la soumettre à la surveillance d'une autorité supérieure.

On l'a dit au Conseil d'Etat : « Quelque confiance que méritent les pères, la loi ne doit pas cependant être fondée sur la fausse supposition que tous sont également bons et vertueux. La loi doit tenir la balance avec équité, et le législateur ne doit pas oublier que les lois dures préparent les révolutions dans les Etats. »

On sentait donc la nécessité de mettre en regard des droits attribués à la puissance des père et mère certains devoirs, et on proposait d'ouvrir une voie de recours à l'enfant, dans le cas où ces devoirs, qu'on ne formulait pas encore, seraient méconnus. Mais la proposition, d'abord ajournée, fut ensuite oubliée.

Locré (1) nous apprend que l'on venait de commencer l'examen de la matière et qu'on suivit l'avis qu'il ne fallait pas *s'occuper d'abord des détails ni des questions isolées*, qui trouveraient plus tard leur classement dans le plan général qu'il convenait tout d'abord d'arrêter sur des bases convenues; et Locré ajoute : « Cet ordre de discussion a été suivi; mais on n'est plus revenu aux questions qu'alors on avait abandonnées, la *jurisprudence remplira cette lacune.* »

(1) Locré, *Législ. civ.*, t. VII, p. 11.

La jurisprudence remplira cette lacune ! N'était-ce pas nous dire que l'autorité paternelle n'est pas indépendante de toute surveillance ? qu'il y a au-dessus d'elle un pouvoir chargé d'en réprimer les écarts et les excès? N'était-ce pas nous dire : La loi, il est vrai, est muette; mais le silence de la loi ne dispensera pas les tribunaux de rechercher et d'appliquer le remède.

Le juge, comme l'a dit Portalis (1), « est le ministre de la loi quand la loi a parlé; il est l'arbitre des différends, quand elle est muette. » Le père de famille agira donc sous l'œil du juge , et, en cette matière comme en toute autre, les tribunaux pourront être appelés à déterminer , par appréciation des faits , s'il y a de sa part un exercice légitime de ses droits, ou si cet exercice ne dégénère pas en oppression.

Mais ici se présente une objection : la loi, dit-on, n'a pas déclaré positivement en quoi consiste l'abus de la puissance paternelle , et quelles seront les conséquences de cet abus. En l'absence d'un texte positif et en présence de la démarcation, bien établie aujourd'hui, entre le pouvoir judiciaire et le pouvoir législatif, le juge ne saurait prononcer contre le père une déchéance quelconque qui n'est pas inscrite dans la loi.

L'argument est pressant, mais on peut, je crois, y répondre : En premier lieu , si le texte nous fait défaut, nous avons toujours pour nous l'esprit de la loi, nous

(1) Portalis, dans Locré, t. I, p. 155.

venons de le démontrer ; or, comme nous le dit un éminent professeur (1) : « Il faut faire exécuter les lois *suivant les vues du législateur.* »

Mais, en outre, nous estimons que la règle qu'on invoque ne saurait recevoir d'application quand il s'agit d'avantages, de droits et de capacités qui ne sont donnés ou reconnus que sous des conditions précises, à la charge de satisfaire à des obligations données.

Or, Messieurs, il n'y a pas à s'y méprendre, les paroles prononcées par M. Réal, lors de la présentation du projet de loi au Corps législatif, donnent une idée exacte de la pensée de la loi : « Le législateur, » a dit M. Réal, « a dû consulter la nature et la raison. Voilà la puissance paternelle ! voilà, d'après la nature et la raison, l'*étendue*, mais aussi voilà *les bornes de cette puissance.* C'est un droit fondé sur la nature et confirmé par la loi, qui donne au père et à la mère, pendant un temps limité *et sous certaines conditions*, la surveillance de la personne, l'administration et la jouissance des biens de leurs enfants. » Ainsi, les droits et les devoirs sont établis par la loi, dans un rapport de réciprocité absolue ; ils sont tellement corrélatifs l'un de l'autre, que le juge ne pourra point maintenir ses droits au père de famille qui manque à ses devoirs ; et, par sa sentence, il ne s'érigera pas en législateur, il ne fera qu'appliquer ce qui est implicitement renfermé dans le texte, ce qui est la

(1) M. Demante (programme, t. I, n° 365, note 1).

conséquence naturelle du principe d'autorité qu'il proclame.

L'ancienne jurisprudence avait si bien compris que la puissance du chef de famille doit être nécessairement réprimée, lorsqu'elle va contre le but de l'institution, que, dans un très-grand nombre de documents (1), elle nous montre le pouvoir judiciaire intervenant comme pouvoir modérateur et de haute surveillance, pour la maintenir dans les bornes de la justice et de la moralité dont elle ne doit jamais s'écarter. Le droit canon, à son tour, prononçait la déchéance de l'autorité paternelle contre les parents qui refusaient à leurs enfants les aliments nécessaires. Enfin, si nous remontons plus haut et si nous consultons la législation romaine, à une époque où le pouvoir du père de famille était adouci, il est vrai, mais non affaibli, nous voyons les empereurs romains, jugeant selon leur pouvoir suprême, réprimer les excès de la puissance paternelle qui étaient portés à leur connaissance.

De toutes ces données, il résulte pour nous qu'avant le code civil et sous son empire même, l'abus peut être réprimé, et que si le législateur n'a pas posé de règles à cet égard, s'il a reculé peut-être devant la difficulté de résoudre législativement toutes ces questions dont la solution est toujours relative et personnelle, il n'en est pas moins certain qu'il a eu la volonté de soumettre à

(1) Comp. Merlin, *Rép.*, t. IV, v° *Education*; t. X, v° *Puis. paternelle.* Nouveau Denizart, t. VII, v° *Education.*

la surveillance du magistrat l'exercice du pouvoir paternel.

Maintenant, Messieurs, qui va pouvoir intervenir? Sera-ce le ministère public? la mère? les autres membres de la famille? Comment cette intervention pourra-t-elle se produire sans revêtir imprudemment un caractère trop inquisitorial ?

Questions délicates et dont la solution variera selon les cas.

La première question qui se présente à notre esprit est celle de l'instruction obligatoire.

Sans doute, il serait intéressant de suivre, l'histoire à la main, l'évolution et les progrès de cette idée dont le véritable mouvement ne date que de la Révolution française, mais qui, déjà formulée dès 1560, dans les cahiers de la noblesse aux états généraux d'Orléans et de Navarre, devait, plus tard, sous Louis XIV et Louis XV (1),

---

(1) Nous trouvons relaté dans la *Bulletin de la Société protectrice de l'enfance*, 3ᵉ vol., nᵒ 4, liv. d'avril 1870, p. 179, sous la signature Charles Thirion, l'arrêté suivant pris en 1724 par M. le duc de Bourbon, ministre de Louis XV : « Le roi veut qu'il soit établi, autant que possible, des maîtres et des maîtresses d'école dans toutes les paroisses, où il n'y en avait point... Voulons, à cet effet, que dans les lieux où il n'y aura pas d'autres fonds , il puisse être imposé sur tous les habitants la somme qui manquera pour l'établissement des maîtres et des maîtresses, jusqu'à celle de 150 livres pour les maîtres, et de 100 livres pour les maîtresses.

» Enjoignons à tous les pères et mères, tuteurs et autres personnes qui sont chargées de l'éducation des enfants , de les envoyer aux écoles jusqu'à l'âge de quatorze ans... Si ce n'est que ce soient des personnes de telle condition qu'elles puissent et qu'elles doivent les

devenir l'objet de prescriptions particulières émanées du
pouvoir royal ; de constater les vicissitudes qu'elle eut à
subir sous le premier Empire, la marche rétrograde
qu'elle suit à cette époque et qui semble s'accentuer sous
la Restauration, pour arriver enfin, après bien des hési-
tations et des incertitudes, au succès à peu près complet
que paraissent devoir lui assurer, de nos jours, les travaux si remarquables de M. Duruy et le projet de loi
émané, en 1872, de M. Jules Simon, alors ministre de
l'instruction publique.

Sans doute il serait utile d'interroger les législations
étrangères, et de constater, avec quelle énergie elles po-
sent à l'envi le principe de l'instruction obligatoire, avec
quel soin elles s'appliquent à en assurer l'exécution (1) !

faire instruire chez elles, ou les envoyer au collége, ou les mettre
dans les monastères ou communautés religieuses.

» Pour ce faire, le roi ordonne que ses procureurs et ceux des siens
hauts justiciers se fassent remettre, tous les mois, par les curés, vicai-
res, maîtres ou maîtresses d'école, ou autres qu'ils chargeront de ce
soin, un état exact de tous les enfants qui n'iront pas aux écoles ou
aux catéchismes, de leurs noms, âge, sexe et des noms de leurs pères et mères, tuteurs ou curateurs, ou autres qui sont chargés de
leur éducation. »

En 1702, l'intendant Lebret, pour la province du Béarn, rendait une
ordonnance dont voici le texte : « Ordonnons que les pères, mères
et tuteurs envoient leurs enfants aux écoles, sous peine de cinq sols
d'amende pour chaque fois qu'ils y manqueront. »

(1) En Russie notamment, où les réformes adoptées par les autres
Etats ont tant de peine à s'introduire, nous voyons qu'en 1874, à
Saint-Pétersbourg, sur trois cent vingt-neuf conscrits, cinq seulement étaient dénués de toute instruction, ne sachant ni lire ni écrire
(tiré de l'*Invalide russe* et rapporté dans le *Journal officiel*, au Bulletin de l'instruction publique, du 4 février, p. 1116).

mais, ces détails de statistique sont, à l'heure qu'il est, fort répandus et parfaitement connus : inutile d'insister sur eux. D'ailleurs, ce ne sont que des chiffres, et nous voulons des principes.

Au point de vue juridique, la thèse de l'instruction obligatoire se justifie par l'article 203 du code civil, aux termes duquels il est dit que : « Les époux contractent ensemble, par le fait seul du mariage, l'obligation de nourrir, entretenir et élever leurs enfants. » Cette expression, *élever*, mise en regard de ces deux termes *nourrir*, et *entretenir*, s'applique bien aux besoins de l'intelligence, éveille justement en nous l'idée de l'instruction à donner à l'enfant.

Le principe de l'instruction obligatoire est donc inscrit dans la loi. Malheureusement, le législateur a fait sur ce point ce qu'il a fait pour bien d'autres dispositions : il n'a pas posé de sanction à la prescription qu'il émettait; il s'agissait sans doute encore là d'une de ces questions isolées dont nous a parlé Locré : l'œuvre est restée incomplète. Aujourd'hui ou demande que le législateur vienne combler cette lacune et donner une sanction à l'obligation civile, à l'obligation juridique que consacre l'article 203, de la part des père et mère.

Nous insistons d'autant plus sur le caractère de cette obligation, qu'on a nié qu'on fût en présence d'une obligation civile : « On ne peut, » a-t-on dit, « dépouiller le » père de famille de ses droits naturels. Le devoir d'in- » struire ses enfants n'est qu'un devoir de conscience,

» tout à fait pareil à celui de donner de bons exemples,
» de bons conseils, de bonnes directions, dans l'accom-
» plissement duquel le pouvoir social n'a point à inter-
» venir. »

Cette objection, Messieurs, est-elle sérieuse et le devoir de donner à l'enfant l'éducation à laquelle il a droit
n'est-il, à proprement parler, qu'un devoir de conscience ?

Nous avons déjà répondu en rappelant les termes de
l'article 203, au sujet duquel M. Demolombe (1), tout
en reconnaissant qu'en ce qui concerne les bons conseils, les bons exemples, ce devoir des père et mère ne
saurait avoir d'autre garantie que leur tendresse, d'autre
sanction que l'opinion et les mœurs publiques, estime
cependant que, lorsqu'il s'agira du genre d'éducation et
d'instruction à donner à l'enfant, le pouvoir social, repré-
senté par les tribunaux, peut, dans l'état actuel de notre
législation, accueillir, comme recevable, une action tendant à faire condamner le père oublieux de ses devoirs.

Mais, je crois, Messieurs, que nous pouvons négliger
l'opinion de ce savant auteur et la réponse péremptoire
que nous fournit l'article 203, et qu'il est facile, en re-
montant aux principes, de démontrer que l'ingérence du
pouvoir social dans ce cas est parfaitement justifiée.
N'est-ce pas, en effet, un droit, un devoir pour l'Etat, de
donner la sécurité ou d'indiquer les moyens de l'établir,
tout comme il a celui de défendre le territoire, faire ren-

(1) Demolombe, *idem*, t. IV, nᵒ 9.

dre la justice...? Or, qu'on consulte les statistiques judiciaires et il sera aisé de constater que les délits, les crimes
sont surtout commis par des personnes absolument igno-
rantes. Donner l'instruction, c'est diminuer le nombre
des attentats : « quand l'école s'ouvre, la prison se ferme, »
disait M. Duruy. Il appartient donc à l'Etat, dans un
intérêt social, pour la sécurité du plus grand nombre,
d'exiger que l'enfant soit enlevé à la servitude de ses
passions brutales, afin qu'apprenant à penser, à sentir, à
réfléchir, il soit plus apte à comprendre et à remplir ses
devoirs sociaux.

Qu'on ne dise pas, non plus, qu'on va porter atteinte à
la liberté individuelle ; car, ainsi que le fait remarquer
un de nos sympathiques professeurs à la Faculté de
droit (1), ce que l'on désire simplement « c'est que le
» père n'ait pas le droit de voler son fils et de voler la so-
» ciété, en la privant du secours que lui apporteraient
» infailliblement une intelligence et une force qui
» n'auraient point été laissées complétement sans cul-
» ture. »

Quant à l'autorité paternelle, est-elle sérieusement me-
nacée, comme on l'a encore prétendu? Est-ce blesser, en
quoi que ce soit, les prérogatives de cette magistrature
domestique, que de vouloir soustraire l'enfant au joug
d'une oisiveté ou d'une ignorance honteuses à laquelle le

---

(1) M. Rozy, *l'Instruction primaire obligatoire, mais non gratuite,*
1870, p. 18.

condamne le mauvais vouloir ou l'indifférence de ceux qui oublient, selon l'expression énergique de la Cour de cassation (1), que *l'éducation est, pour le moral de l'homme, ce que sont les aliments pour le physique.*

Dans notre société moderne, l'enfant n'est plus la chose, la propriété de son père ; s'il a des devoirs à remplir, et assurément nous le reconnaissons pleinement, il a aussi des droits que personne, pas même le père, ne saurait impunément violer. C'est ainsi que la loi a mis un frein aux abus des parents qui faisaient travailler leurs enfants au delà de leurs forces, et assurément nul ne serait fondé à protester, au nom du pouvoir paternel, contre cette législation d'humanité et de bienfaisance.

Mais je m'arrête, Messieurs, dans l'exposé de ces diverses considérations, et j'ai hâte de me demander quelle sera la sanction à attacher à la négligence ou au refus d'observer la loi.

Deux écueils sont ici à éviter, comme dans toutes les questions où nous examinons les droits de l'enfant en regard de ceux du père : il ne faut pas que l'intervention de l'Etat révèle un caractère inquisitorial et vienne porter une atteinte trop directe aux droits du père de famille; le législateur ne doit pas entièrement se substituer à lui : il doit respecter toujours le principe de l'autorité paternelle et se borner simplement à la réglementer dans ses écarts ou à la mettre en jeu, lorsque l'accomplissement

(1) Cass., 3 mai 1842. — Dev. 1842, I, 193.

de ses devoirs la trouve indifférente : une trop grande
sévérité serait donc dangereuse et tout à fait hors de sai-
son, comme aussi une trop grande faiblesse rendrait illu-
soires ses prescriptions.

Plusieurs systèmes ont été émis :

On a proposé de priver, pendant un certain temps, de
ses droits de citoyen, le père de famille coupable, espé-
rant que, par cette crainte, il ne tarderait pas à se confor-
mer à la loi. Outre que la justice de cette peine peut être
facilement contestée, il nous paraît, en outre, qu'elle serait peu efficace, et le plus souvent, sans stimulant. Que
de personnes, en effet, que le droit de vote laisse complétement indifférentes et qu'ainsi la punition n'atteindrait
pas ! Par contre, la prison serait, à nos yeux, une peine
trop rigoureuse, et entraînerait, le plus souvent, ce fâcheux résultat de frapper d'infamie le père de famille et
de l'assimiler au malfaiteur.

Nous nous rallierions plutôt à l'avis de ceux qui pen-
sent qu'il conviendrait, tout d'abord, que l'autorité mu-
nicipale avertît confidentiellement, et avec réserve, le
père de famille récalcitrant. S'il restait sourd à ces aver-
tissements, qu'on pourrait répéter deux ou trois fois, son
nom serait livré à la publicité ; et si ce premier blâme ne
suffisait pas et que son mauvais vouloir fût constaté, alors,
mais alors seulement, on pourrait employer contre lui un
moyen de correction, qui consisterait, par exemple, dans
une amende dont la quotité serait abandonnée à l'appréciation du magistrat, mais qui, dans tous les cas, devrait

représenter le prix qu'aurait coûté l'éducation de l'enfant, dès le moment où la coupable résistance du père se serait produite (1).

Le juge de paix nous paraîtrait le plus apte à remplir le rôle de juge de la répression. Il est, en effet, plus accessible, plus à la portée des familles. Il exerce une magistrature particulière que son titre désigne suffisamment. Les procédures et les formalités sont peu compliquées dans son prétoire ; les jugements y sont dépouillés de tout appareil solennel ; tout est plus simple, plus paternel, plus en rapport avec les faits incriminés et la qualité des prévenus.

En ce qui concerne la question de savoir quelles personnes seraient recevables à porter plainte, l'opinion de M. Demolombe, opinion d'ailleurs qui n'est pas isolée et qui a fait plusieurs prosélytes dans le professorat juridique (2), devrait être suivie.

Il ne nous paraîtrait pas possible, contrairement à ce qui se passait dans l'ancien droit, d'accorder au ministère public une action directe ; sa qualité de protecteur-né des mineurs ne saurait suffire à lui donner le droit d'agir *d'office* dans des cas qui n'ont pas été prévus par la loi.

Mais, par exemple, si la mère existe et que le père re-

---

(1) M. Rozy, *idem*, p. 31.

(2) A la Faculté de droit de Toulouse : M. Poubelle, professeur de code civil ; M. Molinier, professeur de droit criminel.

fuse d'élever son enfant, la mère pourra alors saisir l'autorité ; elle remplira le rôle de subrogé-tuteur.

Au décès de l'un des époux, le tuteur, si le survivant ne l'est pas, ou, dans le cas contraire, le subrogé-tuteur, pourrait également exiger de ce dernier l'accomplissement de ses devoirs.

Enfin, s'il était possible d'admettre que les père et mère fussent coupables à ce point, ou que la mère n'osât point agir, les parents ne pourraient-ils pas requérir, du juge de paix, une réunion du conseil de famille qui déterminerait le genre d'éducation qu'il convient que les père et mère donnent à leurs enfants ?

Telles sont, Messieurs, les hautes difficultés que soulève le problème de l'instruction obligatoire. Mais il n'est pas le seul qui se pose, en dehors de nos textes législatifs, sur le terrain des rapports existant entre le père et les enfants.

La loi s'en remet, pour les détails de la discipline domestique, aux mœurs, aux usages, aux habitudes de la famille, surtout à la tendresse des parents ; à la condition, toutefois, que leur autorité ne deviendra pas oppressive et violente. Or, Messieurs, il est bien des faits douloureux que la rumeur publique, ou la voix de la presse, nous dévoile parfois, et en présence desquels on ne peut que se sentir ému de pitié, quand notre pensée s'arrête sur la condition de ces malheureux enfants victimes de la brutalité de parents dénaturés. Pour eux, les enseignements d'un père honnête et vertueux, les caresses attentives d'une bonne mère, tous ces liens sacrés qui attachent l'homme, pendant sa vie entière, à la voie de l'honneur et du devoir, sont remplacés par des grossièretés, des mauvais traitements, par l'indifférence la plus révoltante, par la perpétuelle négation des sentiments les plus élevés de la nature humaine. Sans doute nous croyons, avec M. Demolombe, que le père ou la mère qui commet envers son enfant un fait qualifié crime ou délit, doit encourir la peine due à son méfait; il serait inouï que sa qualité même, qui rend le délit plus odieux, devînt un titre d'impunité ; mais faudra-t-il rendre au coupable son enfant, s'il persiste à le maltraiter, si, à l'expiration de sa peine, il ne revient que plus exaspéré, pour assouvir sur lui un sentiment de détestable vengeance ? D'ailleurs, il se peut que le mauvais traitement ne constitue pas précisément un délit qualifié.

La loi ne saurait, néanmoins, rester désarmée, et, en vertu de l'intervention du pouvoir judiciaire, que nous avons posée plus haut, nous frapperons le coupable soit d'une amende, soit d'une peine corporelle, selon les cas. La répression, d'après nous, continuerait d'appartenir au juge de paix qui ne saurait agir, en cette matière, avec trop de prudence. Il devra tenir compte de la gravité de la faute qui a motivé la correction paternelle, du caractère, du naturel de l'enfant, du degré d'affection qui le rattache à l'auteur de ses jours. Toutes ces questions sont sans doute délicates, et ne sauraient être de sa part l'objet d'une pondération trop minutieuse ; mais elles ne

défient pas cependant toute solution. Dans bien d'autres
circonstances, le juge ne se trouve-t-il pas en présence de
difficultés aussi graves? Notamment, dans le cas de l'article 231 du code civil, n'est-il pas appelé à déterminer ce
qui constitue les excès, les sévices, les injures graves qui
doivent motiver la séparation de-corps? La juridiction ré-
pressive ainsi déterminée, comment la saisir? Nous admettrions les mêmes personnes dont nous avons proclamé
recevable l'intervention, dans le cas de l'instruction obligatoire, c'est-à-dire, selon les circonstances, la mère, le
subrogé-tuteur, le conseil de famille. Les liens d'affection
qui unissent ces personnes donneraient à leur plainte
toutes les garanties désirables que nous ne trouverions
peut-être pas chez des étrangers, qui pourraient, le plus
souvent, se laisser guider par des rancunes, des sentiments d'inimitié personnelle ou des querelles de quartier.
Sans doute, leur déposition serait soumise à un sévère
contrôle, et la poursuite intentée qu'après une enquête sérieuse; mais leur dénonciation, quoique reconnue men-
songère, pourrait laisser planer après elle une suspicion
regrettable sur le père de famille dont la conduite cependant, à l'égard de ses enfants, serait irréprochable. D'ailleurs, les voisins seront-ils toujours empressés à dénoncer
la brutalité des parents? Dans les campagnes, dans les
centres ignorants et populeux, où elle se produira le plus
fréquemment, les haines sont vivaces, et l'intimidation
et la crainte étouffent souvent la protestation. On pourrait, répondra-t-on peut-être, tenir la plainte en quel-

que sorte cachée, en dispensant le plaignant de venir affirmer à l'audience les faits qu'il a révélés dans l'instruction ; mais que devient alors le droit si respectable de la défense, qui ne pourrait ainsi ni vérifier ni contrôler par elle-même, dans un débat public, la véracité des dépositions produites contre le prévenu ?

Ce n'est pas tout, Messieurs ; l'enfant pourrait même, selon les circonstances, être soustrait, pendant un temps plus ou moins long, à l'autorité paternelle, et la garde de sa personne confiée au parent, à l'étranger, dont la conduite et la moralité seraient à l'abri de tout reproche et qui offrirait à l'enfant le foyer, la famille qu'il a perdus. Mais, dira-t-on, il peut se faire que personne ne veuille se charger de l'enfant ; faudra-t-il, dans ce cas, le laisser sans secours, sans protection ? Non, Messieurs, l'Etat doit adopter ce nouveau pupille ; que le refuge qu'on lui donnera soit la colonie pénitentiaire, la colonie agricole, l'établissement de bienfaisance ou n'importe quel autre abri, il serait prématuré d'entrer dans l'examen de cette question. L'organisation de notre régime pénitentiaire, ses améliorations, ses réformes sont, à l'heure qu'il est, l'objet de la sollicitude du gouvernement ; attendons avec confiance le résultat de la vaste enquête qui est ouverte sur tous les points de la France, et espérons que nous y trouverons la solution du problème (1). Ce qu'il importe

(1) On peut consulter avec fruit, sur cette intéressante question : le rapport déjà publié de M. le vicomte d'Haussonville sur les résul-

surtout, c'est de ne pas désespérer, en face de désordres réels qu'il faut à tout prix proscrire, de nos mœurs et des progrès de l'humanité; la nature morale possède heureusement dans sa constitution, comme la nature physique, des forces réparatrices, et, sous quelque forme qu'un mal social apparaisse, la protection de la loi saura nous offrir un efficace secours, sinon pour le faire disparaître, du moins pour l'amoindrir.

Examinons maintenant le cas où l'enfant serait traduit devant nos tribunaux, sous l'inculpation de vagabondage, et où il serait établi que c'est le défaut absolu de soins, l'abandon calculé des parents qui l'ont forcé à déserter le toit paternel. Ne pourrait-on pas alors déclarer ces derniers complices du délit commis par l'enfant; n'y a-t-il pas, dans leur conduite coupable, cet abus d'autorité, cette provocation dont nous parle l'article 60 du code pénal, et que nous avons vu la loi sur les professions ambulantes punir dans son article 3? Nous n'hésiterions pas, quant à nous, à les considérer comme responsables de la mauvaise voie dans laquelle ils ont sciemment poussé l'enfant, et à les condamner, par appréciation des faits, soit à l'amende, soit à l'emprisonnement (1).

Il conviendrait, en outre, de ne pas user envers le

tats généraux de l'enquête parlementaire, et l'ouvrage de MM le baron Charles Daru et Victor Bourrat, sur *l'Adoption, éducation et correction des enfants pauvres, abandonnés, orphelins ou vicieux.*

(1) Le vagabondage étant un délit, nous admettrions, dans ce cas, à la différence de ce que nous avons établi dans les espèces précédentes, l'action directe du ministère public.

mineur d'une aussi grande sévérité, que lorsqu'il s'agit
de réprimer en lui cette tendance vers le mal que de
mauvais instincts, une perversité naturelle et précoce
ont seuls amenée. La maison de correction dans laquelle
le place le code pénal devrait se transformer pour lui en
une maison de réforme ; et ce n'est pas un simple chan-
gement dans la dénomination de l'établissement pénitentiaire que nous demanderions : nous voudrions que le sé-
jour dans la maison n'eût aucun caractère flétrissant, que
le jeune détenu n'y subît pas, à proprement parler, une
peine, qu'il y fût simplement assujéti à une éducation
plus rigoureuse et mieux surveillée que celle des enfants
en liberté. Cette idée, Messieurs, n'est pas nouvelle. Elle
est indiquée dans un projet de loi déposé en ce moment
sur le bureau de l'Assemblée, à la suite de l'enquête ouverte sur notre régime pénitentiaire (1).

Ce projet proposerait également une autre modification : frappé du grand nombre d'enfants qui doivent leur
affaiblissement moral à l'incurie ou au vice des parents,
il voudrait soustraire complétement à la puissance paternelle l'enfant envoyé dans la maison de réforme, en
élevant jusqu'à l'âge de vingt et un ans accomplis la
durée de la détention, alors que les tribunaux ne peuvent
actuellement, en présence de l'article 66 du code pénal,

(1) Rapport fait au nom de la commission d'enquête parlementaire
sur le projet de loi relatif à l'éducation et au patronage des jeunes dé-
tenus, par M. Félix Voisin, membre de l'Assemblée nationale. Séance
du 18 mars 1873, annexe n° 1676. *Off.*, p. 6954.

l'enlever à sa famille que jusqu'à l'âge de vingt ans. Nous croyons que, sur ce point, le projet va trop loin et que la réforme qu'il demande serait de nature à créer un résultat plus triste que celui qu'il veut éviter. Que la sollicitude du législateur s'éveille à la vue de quelques plaies locales, rien de plus juste ; mais qu'il se garde de perdre de vue l'ensemble de la société et le but de l'institution. Or, cette protection à outrance, que l'on voudrait introduire dans l'article 66, irait directement contre son esprit. La maison de correction n'est pas faite pour enlever l'enfant à sa famille; si telle avait été la pensée de la loi, elle eût accordé aux magistrats le droit de faire détenir le mineur jusqu'à vingt et un ans. Ne tombait-il pas en effet sous le sens que l'enfant libéré retournerait inévitablement sous le toit paternel? La modification proposée nous paraît donc dénaturer l'institution plutôt que la perfectionner ; d'ailleurs, s'il est juste de reconnaître que l'éducation morale de l'enfant sera d'autant plus améliorée que sa détention aura été plus prolongée, l'intérêt de la liberté individuelle n'a-t-il pas lui aussi sa valeur? et n'est-ce pas toujours une mesure excessive que de placer dans les maisons de réforme, pour un temps plus ou moins long, des enfants qui en réalité ne sont pas tout à fait responsables? Sans doute, leur détention n'a rien d'infamant, mais n'en constitue pas moins, en fait, une véritable et complète privation de la liberté.

Le pécule, Messieurs, que l'enfant a amassé au prix de son travail et de ses économies, ne saurait-il, à son tour, être défendu contre la dissipation et la coupable insouciance du père de famille ? Sans doute, et nous aimons à le reconnaître, ce dernier sera le plus souvent l'homme économe, prévoyant, uniquement inspiré du sentiment de l'épargne. Dans un tel milieu, la loi ne saurait pénétrer. L'affection du père pour ses enfants les protége suffisamment. Mais sera-t-il toujours l'homme prudent que nous venons de supposer, jaloux du sort de ses enfants, de la protection et de l'aisance des siens ? N'est-ce pas dès lors poursuivre une œuvre juste et louable que de chercher à faciliter au sein de la famille les moyens d'épargne, et à développer chez l'enfant le sentiment de la conservation du fruit de son travail que l'inconduite ou la légèreté du père viendrait menacer ? Cette idée de réforme a trouvé un écho dans l'enceinte parlementaire, et, au mois de mai 1875, l'Assemblée était appelée à s'occuper d'un projet de loi dû à l'initiative de MM. Fournier, Tallon et de Chabaud-Latour sur les caisses d'épargne et de prévoyance. L'article 3 de ce projet portait, entre autres dispositions : « Que les mi- » neurs seraient admis à se faire ouvrir des livrets sans » l'autorisation de leur représentant légal, et pourraient » retirer, sans cette intervention, mais seulement à l'âge » de seize ans révolus, les sommes figurant sur les livrets » ainsi ouverts, sauf opposition de la part de leur repré- » sentant légal. »

On le voit, cet article se proposait de faciliter l'accès des caisses de prévoyance à l'une des catégories les plus intéressantes des déposants, les enfants minêurs, en encourageant chez eux le sentiment de cette vertu domestique, l'épargne, dont on a pu dire avec raison qu'elle était l'école primaire de la richesse du peuple. Pour arriver à ce résultat, le projet de loi proposait un double moyen : celui de laisser l'enfant placer à la caisse d'épargnes sans l'autorisation du père, et celui de lui permettre de retirer, sans cette même autorisation, les sommes figurant sur le livret, sous cette condition, que l'enfant eût atteint l'âge de seize ans révolus. Dans sa première partie, l'article 3 ne faisait qu'ériger en loi, ce qui de nos jours est laissé à l'arbitraire; que régulariser une situation qui n'est pas légale et qui entraîne, dans la pratique, des contestations nombreuses. Le plus souvent, en effet, le dépôt de l'enfant sera admis sans qu'il ait à justifier de l'autorisation du père, mais ce n'est là qu'une question du règlements, de statuts plus ou moins généralisés. Aussi, la première partie de cet article ne souleva pas de graves difficultés; il n'en fut pas de même de la seconde. Les partisans du projet de loi faisaient valoir cette considération, que celui qui appréhende le moindre embarras pour l'avenir ne dépose pas, qu'on paralyse absolument l'initiative de l'enfant qui serait disposé à faire un dépôt, si on lui fait envisager des difficultés pour en obtenir le retrait que pourra seul autoriser le père. On répondait : Que, sans doute, la nécessité de cette autorisation allait restreindre le nombre des déposants, mais que ce danger était bien moindre que celui qui se produirait infailliblement si l'enfant pouvait reprendre le montant de son livret sans l'autorisation du chef de famille. Une pareille tolérance blessait trop ouvertement les droits de la puissance paternelle, et pouvait amener ce fâcheux résultat de permettre au mineur de gaspiller ses économies, à un âge où il a surtout besoin d'être maintenu et sagement réglé dans ses dépenses.

Malgré ces objections, dont on ne saurait méconnaître la gravité, l'article 3 du projet aurait été peut-être adopté, si dans cet article n'avait en même temps figuré un second paragraphe tendant à étendre les dispositions du premier à la femme mariée : on se récria vivement, et avec raison selon nous, contre cette disposition, qui battant en brèche la puissance maritale, tendait à substituer, au foyer domestique, la liberté de la femme à l'autorité du mari, et entraînait l'abrogation, ou tout au moins la révision de tout le système de notre code civil sur les rapports pécuniaires entre époux.

La froideur marquée avec laquelle l'Assemblée accueilit ce second paragraphe rejaillit sur les dispositions de l'article 3 tout entier, et amena même la commission à retirer, dans la séance du 15 mai 1875, son projet de loi.

L'œuvre tentée en faveur du droit à l'épargne à accorder à l'enfant n'aura pas été inutile en de stériles efforts ; elle aura appelé, sur un point nouveau, l'attention des esprits, et nous ne doutons point que, reprise à nouveau et présentée sous son véritable jour, elle ne soit mieux comprise de nos législateurs.

Je n'ajouterai plus rien, Messieurs ; car j'éprouve la crainte, hélas ! trop tardive, d'avoir abusé de votre bienveillante attention. Loin de moi la prétention d'avoir dit tout ce qu'il y avait, et surtout ce qu'il y aurait eu de mieux à dire. Je me croirai suffisamment récompensé de mes efforts, si mon modeste travail peut servir de point de départ à des études plus sérieuses sur cette grande cause de la protection légale de l'enfance.

www.ingramcontent.com/pod-product-compliance
Lightning Source LLC
Chambersburg PA
CBHW071351200326
41520CB00013B/3180